Iogurtes

· SUMÁRIO ·

* 04 – BREVE GLOSSÁRIO
* 06 – 12 BOAS RAZÕES PARA TOMAR IOGURTE CASEIRO
* 08 – INSTRUÇÕES DE PREPARO
* 10 – COZIMENTO
* 13 – APRESENTAÇÃO
* 14 – RECEITAS INDISPENSÁVEIS

Dentre os produtos lácteos, o iogurte está muito presente em nossa dieta graças ao seu aporte nutricional. Para cada sabor, uma denominação diferente: iogurte natural, com polpa de frutas, com cereais, integrais, magros (versão light), com mel, açucarados, de leite de cabra, grego, coalhada, leite fermentado, frozen yogurt (massa gelada à base de leite e iogurte), lassi (bebida indiana à base de iogurte), iogurte aromatizado (com chocolate, café, especiarias, etc.).
Mas, se o iogurte é um tipo de leite fermentado, nem todos os leites fermentados são iogurte.

Coalhada: parte sólida do leite após a coagulação resultante da ação do coalho (animal, vegetal ou sintético).

Fermentos: bactérias (*Streptococcus thermophilus* e *Lactobacillus bulgaricus*) que endurecem o leite não esterilizado, e que transformam a lactose em ácido láctico, provocando a coagulação da caseína. Disponível em pó, basta reidratá-lo para recuperar a sua vitalidade inicial. Os fermentos lácteos reequilibram a flora intestinal.

Kefir *(ou kephir)*: bebida obtida após a fermentação do leite

pela ação das bactérias e leveduras contidas nos grãos de kefir. Relativamente forte, é ligeiramente gasoso e alcoólico, com um leve gosto ácido.

Leite fermentado: utiliza-se bactérias diferentes da produção do iogurte (*Bifidobacterium longum*, *Bifidobacterium lactis* e *Lactobacillus acidophilus*), mas o método de fabricação é o mesmo. Apenas os fermentos e os parâmetros de fermentação (temperatura, tempo, quantidade de sementes) variam.

Lassi: bebida tradicional indiana à base de iogurte, aromatizada com água de flores e/ou especiarias.

Soro de leite (lactossoro): parte líquida resultante da coagulação do leite durante a fabricação do iogurte.

Iogurte: preparo feito com leite de vaca, de cabra, de ovelha, de jumenta, de égua, de camela ou de búfala, não drenado e coagulado, obtido após a fermentação do leite por bactérias específicas.

cozinha magnética

Iogurtes

Iogurte líquido (bebida láctea): tipo de iogurte com textura líquida, acondicionado em garrafas, e não em potes. Após ter sido fermentado, o preparo é batido antes de ser embalado. Para as bebidas lácteas caseiras, saiba que quanto mais o leite for desnatado, mais o iogurte ficará líquido.

Iogurte aromatizado: com açúcar, com mel, com pedaços de frutas, com geleia, com aromas naturais, para variar e enriquecer o sabor dos iogurtes caseiros.

Iogurte batido (tipo suíço): ao contrário do iogurte tradicional, a fermentação não é realizada em potes, mas a granel, em tanques de mistura. Em seguida, a coalhada é batida, resfriada, antes de ser embalada em potes e armazenada em câmaras frias.

Iogurte búlgaro: produzido a partir do leite fervido durante longo tempo, até perder 30% da sua parte líquida, antes de fermentar naturalmente.

Iogurte fermentado no pote: após a sementeira, o preparo lácteo é acondicionado em potes que entram na estufa aquecida entre 42°C e 44°C. Durante três horas, as bactérias se reproduzem em grande quantidade e atingem a lactose que é parcialmente transformada em ácido lático, modificando a estrutura das proteínas que formam, em seguida, um gel. Na sequência, os potes são armazenados em câmara fria para interromper a acidificação.

Iogurte magro ou integral: o iogurte pode apresentar um teor de gordura variável, dependendo do leite utilizado para a sua fabricação.

Iogurte cremoso: é preparado como o iogurte batido, mas adicionado de fermentos, uma pequena quantidade de *Streptococcus* que aumentam a sua viscosidade.

· 12 BOAS RAZÕES PARA TOMAR IOGURTE CASEIRO ·

01 - **Rapidez:** não leva mais do que cinco minutos para ser preparado.

02 - **Ingredientes naturais:** enquanto a indústria de alimentos se rende aos corantes, aos sabores artificiais, conservantes, gelificantes, espessantes, gelatinas e adoçantes, o iogurte feito em casa vence esta batalha! No preparo do seu iogurte, você pode controlar os ingredientes: do leite aos fermentos. Nada o impede de se divertir e usar a criatividade, identificando e diferenciando o que é usado (geleias ou coulis caseiros, frutas frescas, açúcar mascavo ou demerara, especiarias, purê de castanhas, etc.).

03 - **Economia:** o iogurte caseiro sai em torno de duas vezes mais barato que os iogurtes industrializados.

04 - **Indicado para todos:** não há uma idade mais apropriada para desfrutar o prazer de fazer o seu próprio iogurte, tão fácil de preparar quanto de saborear.

05 - **Praticidade:** ter a possibilidade de preparar diversos sabores de uma só vez, e a satisfação de saborear um produto adequado ao seu gosto. Isso já é suficiente para dar vontade de criar suas próprias receitas, de experimentar diferentes tipos de leite (de cabra,

de soja, de coco, etc.), novas formas de adoçar, com moderação, testando os ingredientes. É fácil ajustar o sabor de um iogurte levemente adoçado, enquanto que num iogurte excessivamente adoçado isto é irreverssível! Os iogurtes industrializados não nos oferecem esta opção.

06 - **Ecológico:** não jogue mais fora uma dúzia de potes por semana, pois, a partir de agora, você estará reutilizando-os. Um gesto importante para o planeta!

07 - **Fonte de vitaminas:** B1, B2 e PP. Estas vitaminas são, na verdade, produzidas pelas bactérias presentes no preparo lácteo.

08 - **Saudável e mais fácil de digerir do que o leite:** o iogurte é, sem dúvida, o mais digerível de todos os produtos lácteos! A fermentação elimina a lactose, açúcar difícil de ser assimilado. Então, adeus aos rótulos repetitivos e às fórmulas pouco apetitosas.

09 - **A qualquer hora do dia:** o iogurte pode estar presente no café da manhã, no almoço ou no jantar; pode ser saboreado como sobremesa ou, até mesmo, apreciado para saciar a fome quando não há tempo para uma refeição mais elaborada!

10 - **Conservação garantida:** os iogurtes caseiros devem ser mantidos na geladeira e podem ser consumidos até dez dias após a sua fabricação; eles ficam mais firmes após 48 horas armazenados na geladeira.

11 - **Indispensáveis:** os iogurtes estão em toda parte! Não somente no preparo de cremes, molhos e sobremesas, na massas de bolo, etc., mas eles combinam com tudo!

12 - **Feitos sob medida:** podemos prepará-los com frutas, obviamente, mas também com pedaços de bolo, com biscoitos esfarelados, com chocolate crocante picado, com pedaços de legumes, com especiarias, com ervas e óleos essenciais.

Iogurtes

· INSTRUÇÕES DE PREPARO ·

A base do preparo é evidentemente o leite!
Em seguida, é a iogurteira que entra em ação e que trabalha por, aproximadamente, 8 a 14 horas, conforme o tipo de leite. Contabilize em torno de 8 a 10 horas para obter um iogurte feito com leite integral, e entre 10 a 12 horas com leite semidesnatado.

TIPOS DE LEITE

• Leite de vaca
O iogurte feito com leite integral apresenta uma consistência firme e untuosa, enquanto que os iogurtes produzidos com leite semidesnatado são um pouco mais líquidos. O leite desnatado não é indicado para fazer iogurtes mais consistentes, mas, se preferir iogurtes (mais) líquidos, pode tentar usá-lo.

• Outros tipos de leite
Você pode usar todos os tipos de leite de origem animal, e inclusive, o leite de soja ou o leite de coco.
Em contrapartida, os demais leites de origem vegetal, tais como o de amêndoas, o de arroz ou o de aveia não conseguem, por si só, produzir iogurte, pois eles não coagulam.

> ☞ **A saber**
> • se o leite for esterilizado (UHT), você pode utilizá-lo à temperatura ambiente.
> • se o leite for pasteurizado ou fresco, ferva-o primeiro, deixe-o arrefecer antes de adicionar o fermento.

OS FERMENTOS

Você encontrará o fermento adequado para transformar o leite em iogurte no comércio, ou pode usar um pote de iogurte natural industrializado (com exceção dos iogurtes batidos que são inadequados para a fermentação).

Reserve e guarde uma pequena quantidade de iogurte para fazer o próximo lote: você pode usar em até dez vezes os iogurtes preparados por você.

Os fermentos começam a agir a uma temperatura aproximada entre 43 °C e 45 °C; em temperaturas mais elevadas, eles morrem. Então, não os ferva com o leite!

A UNTUOSIDADE

Para obter iogurtes mais cremosos, adicione 3 ou 4 colheres (sopa) de leite em pó (40g).
➤➤**Opcional:** se você usar leite semidesnatado, adicione 1/2 colher (chá) de ágar-ágar (alga vermelha em pó que serve como agente aglutinante e gelificante vegetal, comercializado em empórios de produtos naturais) para 1 litro de leite. Aqueça 150 ml de leite com o ágar-ágar e aproveite para dissolver o açúcar, se for utilizá-lo.

IOGURTES COM FRUTAS

As frutas devem ser cozidas e adoçadas, pois, se usadas cruas, elas liberam demasiada acidez. Portanto, você deve aquecê-las por alguns minutos, e depois escorrê-las.
Em contrapartida, não se preocupe quando utilizar geleias e compotas. Um outra alternativa para as frutas: sirva o iogurte feito em casa com frutas frescas (cortadas na hora) em forma de pequenos cubos.

OS UTENSÍLIOS

Uma colher (ou espátula) de madeira, ou de silicone, é recomendada, ao contrário dos utensílios metálicos que são desconselháveis, por uma questão de reação química.

Como sempre, na culinária, o cozimento é fundamental: uma diferença de temperatura pode alterar e prejudicar o processo de fermentação.

COM IOGURTEIRA

A iogurteira é uma espécie de bandeja de vapor. Os potes são colocados dentro dela, como em uma estufa, mas sem as tampas. O dispositivo da iogurteira aquece até atingir a temperatura adequada (45 °C), em seguida, ele desliga automaticamente. É importante não abrir a iogurteira por, pelo menos, 8 horas no mínimo, tempo necessário para que os fermentos façam o seu trabalho.

✱ **Recomendação:** prepare o iogurte no final de tarde e deixe-o fermentar na iogurteira durante toda a noite. Na manhã seguinte, coloque os potes fechados na geladeira.
Precaução: evite mover a iogurteira durante o processo, e garanta que não haja nenhuma corrente de ar (na cozinha) onde ela esteja localizada.

☛ **Sugestão:** para obter iogurtes firmes, aromáticos, embrulhe a iogurteira com uma toalha, ou pano de prato, durante o preparo.

SEM IOGURTEIRA

Algumas soluções disponíveis...

☛ **Recomendação:** compre um termômetro de cozinha, pois a temperatura (exata e constante) é a chave do sucesso no fabrico do iogurte.

• Com uma panela de pressão

Iogurte preparado em banho-maria: cubra o fundo de uma panela de pressão com água (3 cm) e aqueça até 45°C. Desligue o fogo, coloque os potes cheios dentro da panela. Cuidado com a água para que não transborde para dentro dos potes. Nenhuma gota de água deve cair dentro deles. Feche hermeticamente a panela de pressão e aguarde cinco horas, no mínimo (sem cozinhar, é claro!). O ideal é manter a cozinha bem aquecida. Após retirar os potes da panela, tape-os e coloque-os dentro da geladeira.

☛ **Variação:** despeje água até cobrir o fundo da panela de pressão com 1 cm de profundidade. Feche-a hermeticamente. Aqueça a panela: deixe o vapor escapar por dez segundos, desligue o fogo, retire o vapor. Quando abrir a panela, retire a água e coloque rapidamente os potes destapados com o preparo.
Feche a panela imediatamente - de forma hermética- e deixe-a fumegar por 8 horas. Em seguida, abra a panela de pressão, feche os potes e coloque-os na geladeira.

• Na panela de cozimento a vapor

Coloque água na panela de cozimento a vapor como de hábito, feche a tampa e deixe-a aquecer por 10 minutos. Em seguida, desligue-a e coloque os potes cheios dentro desta espécie de estufa. Recoloque a tampa e aguarde por oito horas. Retire os potes, feche-os com uma tampa e coloque-os na geladeira.

• Na panela de cozimento a vácuo

Ferva a água no fundo da panela a vácuo. Fora do fogo, mas sobre a água quente, coloque os potes cheios com o preparo

e destapados sobre a parte superior, e recoloque a tampa da panela a vácuo. Deixe-a repousar por oito horas sem abrir, para não interferir no desempenho da estufa. Em seguida, coloque os potes fechados na geladeira.

• **No forno**
Aqueça o forno (a 45 °C) com água na bandeja de resíduos (placa do forno), coloque os potes de iogurte destapados no meio deste banho-maria, mantenha a porta do forno fechada por, pelo menos, seis horas.

• **Em uma caixa de isopor**
Como último recurso, despeje água à temperatura de 45°C até a metade da altura de uma caixa de isopor grande, deposite os potes cheios, feche a tampa da caixa hermeticamente, e coloque-a perto de um aquecedor durante 8 a 10 horas.

> ☛ Precauções
>
> O inconveniente de fazer o iogurte fora da iogurteira é que você terá que observar atentamente, e ter um cuidado especial para controlar a temperatura durante todo o processo de fabricação. Com alguns poucos graus, a menos ou a mais, perde-se o iogurte.

CONTRATEMPOS

Se o iogurte não engrossar, vários motivos podem ser considerados:
• o iogurte que serve de base na fabricação está muito "velho";
• quantidade insuficiente de leite em pó;
• a temperatura de preparo está excessivamente alta ou demasiadamente baixa;
• o tempo de preparo foi muito curto.

Se o iogurte ficar ácido, ou para evitar a seperação do soro.
O tempo de preparo pode ter sido muito longo, ou o resfriamento muito lento. A temperatura de preparo baixa (de 42 a 44 °C) favorece o *streptococcus* e, portanto, promove a produção

de aromas; enquanto que uma temperatura mais elevada (de 45 a 46 °C) favorece o *lactobacillus* e, consequentemente, a produção de substância ácida.

Para que o iogurte fique viscoso
Opte por leite integral e ferva-o primeiro para "reduzi-lo" um pouco.

Se iogurte coalhar
Isto pode advir do leite ou dos ingredientes ácidos incorporados, como as frutas, por exemplo.

• Adapte as porções ao tamanho do apetite!
Iogurte em porções individuais, tradicionais, ou então, em potes tamanho família para serem sorvidos a colheradas, ou simplesmente para os comilões (para os quais, 125g é muito pouco). Por outro lado, se você tiver crianças na primeira infância, faça meia porções enchendo potes de papinha.

• Você escolhe os potes!
De vidro, de terracota, de porcelana, de plástico, etc.

• Rotulagem
Se você não tiver tampas em que possa registrar a data de fabricação, cole etiquetas ou adesivos coloridos para esta finalidade, e monitore a data de validade.

✦ **Lembrete:** o iogurte caseiro se conserva em até 10 dias após a fabricação.

cozinha magnética

· RECEITAS INDISPENSÁVEIS ·

RECEITA DE BASE: IOGURTE NATURAL

PARA 8 IOGURTES

1 litro de leite integral, 1 iogurte integral, 4 colheres (sopa) de leite em pó

Ferva o leite. Espere aproximadamente 30 minutos (dependendo da temperatura ambiente) para que a temperatura do leite diminua e varie entre 37°C e 45°C (abaixo de 37°C, o iogurte não se forma e, acima de 45°C, ele perde o ponto, desintegra-se, tornando-se metade líquido, metade sólido).
Misture o leite com o iogurte de base e, eventualmente, com o leite em pó. Despeje a mistura em potes, leve-os à iogurteira à temperatura de 40°C, por 5 horas.

☛ **Recomendações**
• Se preparar iogurtes aromatizados, lembre-se de reservar um iogurte sem sabor para fermentar a próxima produção.
• Para aromatizar o iogurte com sabor de baunilha, evite a essência de baunilha (líquida) que, às vezes, contem álcool, que interfere no sabor. Prefira o açúcar de baunilha, a baunilha em pó, ou faça uma infusão com 1 fava de baunilha no leite quente, e deixe esfriar.
• Se precisar preparar uma infusão quente com alguma especiaria, ou com um outro ingrediente, deixe o leite esfriar completamente, antes de preparar o iogurte.

VARIAÇÕES

• **Com leite condensado**
Misture um iogurte natural, 400 ml de leite condensado (com ou sem açúcar) e 500 ml de leite em temperatura ambiente.